LETTRE

AU

GÉNÉRAL DUMOURIER.

LETTRE

AU
GÉNÉRAL DUMOURIER

SUR SON

TABLEAU SPÉCULATIF

DE

L'EUROPE,

PAR L'ABBÉ J. P. T. L. S.

Quæris quare pacem nolo? quia turpis; quia periculosa; quia esse non potest.

Cic. Philip. VII.

Vous me demandez pourquoi je ne veux point de paix? parce qu'elle ne peut être que honteuse; parce qu'elle ne peut être que dangereuse; parce qu'il n'en peut exister.

LONDRES,

1798.

LETTRE

AU

GÉNÉRAL DUMOURIER.

Je viens de lire, Monsieur, votre Tableau spéculatif de l'Europe. J'y ai remarqué tant de contradictions, de faits dénaturés, tant d'idées, de jugemens et de raisonnemens faux et pernicieux, que je n'ai pu m'empêcher de prendre la plume pour y répondre. Dans ces malheureux temps, les erreurs en politique comme en morale ne se propagent que trop rapidement. Elles aveuglent plus que jamais les simples; elles donnent de nouvelles armes à l'esprit de sédition et d'anarchie qui ravage l'Europe et la menace d'un bouleversement général. Il est donc du devoir de tout honnête homme attaché aux vrais principes, de les relever aussitôt qu'elles paroissent, s'il en est capable, et d'offrir à ses concitoyens bien intentionnés l'antidote propre à les garantir de la contagion des nouveautés. Tel est le but des observations suivantes sur votre Tableau spéculatif de l'Europe, et d'abord sur le *discours préliminaire*.

» Le courage et les talens de ce général » extraordinaire (de Buonaparte) n'au- » roient pas suffi pour le tirer de cette ter- » rible crise, si l'heureux destin de la France » n'avoit pas suscité dans le cabinet de » Vienne une terreur salutaire qui a forcé » l'empereur à faire une paix précipitée, » lorsqu'un retard de quinze jours auroit » indubitablement changé la face des af- » faires « (*page* 4.)

A n'en juger que par le point de vue sous lequel vous avez d'abord considéré Buonaparte qui vous semble un *génie héroïque*, un *homme extraordinaire, lancé au travers de ce siècle comme une commète, et dont l'apparition a été arrangée d'avance par la providence*, on seroit porté à croire que vous regardez le traité de Leoben comme un coup de maître, comme un chef-d'oeuvre de politique, et que vous êtes persuadé que *le sort des nations n'a été fixé* par Buonaparte que par un

effet de la transcendance de son génie.
Mais peu après vous avouez que ce fut,
grâce à la terreur qui s'étoit emparée du
cabinet de Vienne, que les termes pro-
posés par Buonaparte furent acceptés. Et
cette terreur, à quoi faut-il l'attribuer?.
ce n'est pas même, suivant vous, au souvenir des exploits de ce général, à l'impression que son approche et ses menaces
auroient pu faire; il se trouvoit, hélas!
dans une situation qui en toute autre cir-
constance n'auroit excité que la pitié. C'est
à *l'heureux destin de la France* qu'il se
trouva redevable de cette terreur salutaire.
C'est en un mot au plus inespéré des ha-
sards qu'il a dû son salut.... Vous avouez
que si on l'avoit laissé quinze jours seulement dans la position qu'il avoit prise,
il étoit perdu sans ressource. Il étoit,
vous le dites vous-même, enfermé et
presque affamé dans les montagnes de la
Styrie, coupé d'avec l'Italie dont le général Laudhon et les Vénitiens pouvoient
lui fermer le passage à Ponteba; arrêté
par l'Archiduc et l'armée qui défendoit
Vienne; menacé par le corps d'armée du
Tyrol sur la gauche et par l'armée d'in-

surrection de la Hongrie sur la droite; ne pouvant se retirer par la Bavière pour se réunir au général Moreau, car il en étoit séparé par les montagnes de l'archevéché de Saltzbourg occupées en force par les Impériaux que l'Archiduc et la division du Tyrol pouvoient renforcer au besoin; enfin il se trouvoit sans argent, sans vivres, sans artillerie de siége et à près de 80 lieues de l'Italie.... Il y a sans doute une sorte de courage à s'enfoncer ainsi dans les montagnes, au risque d'y être enveloppé de tout côté, affamé, ou coupé en pièces; mais je n'y vois assurément aucun talent, et je conçois à peine comment vous pouvez appeler Buonaparte un *général extraordinaire* à l'endroit même où vous citez plusieurs faits dont l'ensemble devroit le placer même au-dessous de la foule des généraux... Ou Buonaparte a prévu, en s'avançant dans les montagnes de la Styrie, l'embarras, l'extrémité où il alloit être réduit; ou il ne l'a pas prévu.

S'il l'a prévu, la plus ridicule présomption, la plus extravagante audace ont pu seules le déterminer à s'y exposer. Ce n'est point des dangers de cette sorte que le vrai courage affronte. Un général avare du sang de ses soldats et jaloux de la gloire de son pays, n'ira jamais sans y être contraint par la plus impérieuse nécessité, courir le risque de tout perdre, de tout ruiner en un jour. Il n'osera point courir ce risque lors même que l'issue d'une entreprise aussi téméraire ne dépendra que de son courage; à plus forte raison, lorsque *ni ses talens ni son courage ne pourroient le tirer de cette terrible crise.* Au fond, quel but pouvoit se proposer Buonaparte dans une équippée de cette sorte? d'attaquer la capitale de vive force?... Mais vous convenez vous-même que cette place défendue par une armée de plus de 30 mille hommes et par l'habile général Mack, soutenue par celle de l'archiduc Charles, ne pouvoit être enlevée subitement par Buonaparte sans artillerie de siége, sans vivres, sans argent, avec une armée harassée et affoiblie, cernée de tout côté, et dont les communications avéc l'Italie étoient totalement coupées... D'effrayer le cabinet de Vienne au point de l'obliger à en passer par tout ce qu'il lui plairoit?.... Mais quelle apparence que le cabinet de Vienne dût s'épouvanter aux approches de Buonaparte, lorsque la position qu'il devoit prendre seroit de nature à le rassurer, à lui donner la plus grande confiance, à l'engager à le poursuivre ou à le laisser s'affamer au milieu des montagnes. Plus cette terreur étoit absurde, improbable, inconcevable, plus Buonaparte seroit coupable d'avoir tenté sur ce seul fondement une entreprise aussi périlleuse.

Que dirons-nous de ses talens, de son génie extraordinaire, si vous dites qu'il n'a pu prévoir cette crise? Quoi le vainqueur, le héros de l'Italie auroit pu ignorer les dangers qu'il avoit à courir dans un pays où les obstacles seuls du local pouvoient le mettre malgré son courage et ses talens, à la merci de ses ennemis! quoi, il alloit laisser, comme vous le dites vous-même, quatre places fortes entre lui et les secours ou les points de retraite en cas de mauvais succès, et il ne se doutoit point du danger!... Il alloit s'éloigner de près de 80 lieues de l'Italie, seul point de retraite pour lui, sans argent, sans vivres sans

artillerie de siége, menacé, suivant toute
probabilité, par plusieurs armées à droite
et à gauche, et il ne se doutoit point du
danger!... Après avoir maltraité les Vénitiens d'une manière qui ne pouvoit que
leur inspirer de l'horreur pour les François, il alloit, pour ainsi dire, compter
sur leur attachement en leur confiant la
garde de Ponteba et autres défilés par où
il pouvoit effectuer sa retraite. Il alloit
en quelque manière se mettre à leur merci,
et il ne se doutoit point du danger! En
vérité, Monsieur, plus j'y réfléchis, plus
j'ai peine à concevoir qu'un général comme vous, qui a certainement donné des
preuves d'habileté, ait pu se faire illu-
sion en cette matière au point de paroître trouver un sujet de louanges et de
gloire là où il n'en peut exister que de
blâme et de honte.

Mais tel est l'effet que font sur la
multitude les succès éclatans. On n'exa-
mine guère, ou on oublie bien vîte les
causes qui ont produit un brillant résultat. Si Buonaparte avoit reçu dans cette
occasion ce qu'il méritoit, son nom ne
seroit peut-être plus prononcé aujour-

d'hui qu'avec l'expression de la raillerie ou du mépris. *L'heureux destin de la France a couronné la plus folle des entreprises, et il est devenu un homme extraordinaire lancé au travers des siècles comme une comète* (pag. 3.). Jetons encore quelques regards sur sa *marche excentrique* et préjugeons dès à présent l'opinion des *astronomes* à venir.

Pour bien juger des motifs qui portèrent Buonaparte à demander la paix, des dangers qu'il couroit alors et des raisons qui le déterminèrent à offrir des avantages très-considérables à la cour de Vienne, il faut se rappeler les circonstances où il se trouvoit. Il faut se mettre devant les yeux la situation de son armée et sur-tout le risque évident qu'elle couroit d'être non-seulement coupée dans sa retraite vers l'Italie, mais attaquée même en arrière par le corps d'Autrichiens alors maître du Tyrol.

Après l'action de Salurn ou Tramin qui eut lieu le 22 mars 1797, les François étoient entrés dans Botzen et le général Joubert, tout en poursuivant l'armée autrichienne, s'étoit rendu maître de Brixen.

Joubert força peu de jours après, (le 29)
le poste de Clausen; mais cet avantage fut
le dernier que les armées françoises rem-
portèrent dans le Tyrol avant la conclu-
sion de l'armistice. Quelques jours avant
cette dernière action, les Tyroliens s'étoient
levés en masse en quelques endroits. A
la prise de Clausen, le général Kerpen
commandant des armées du Tyrol avoit
fait sonner l'alarme par tout le pays. Tous
les paysans, même les sexagénaires,
avoient pris les armes, et dans peu il s'en
trouva plus de 60,000 bien résolus de défendre leur pays et leurs foyers jusqu'à
la dernière extrémité. Kerpen marcha
bientôt après à la tête de cette nouvelle
milice et chassa les François de Clausen
le lendemain qu'ils s'en étoient rendus
maîtres. De là il se rendit à Sterringen
entre Brixen et Inspruck pour couvrir cette
dernière ville. Le général Laudhon campé
depuis la prise de Botzen et de Brixen à
Murran sur l'Adige d'où il observoit les
mouvemens de l'ennemi, profita du désordre que la reprise de Clausen avoit
mis dans l'armée françoise pour les ha-
rasser dans les montagnes où ils perdi-

rent beaucoup des leurs. A l'aide des braves Tyroliens il parvint à les chasser de Botzen qu'ils abandonnèrent le 3 avril, et rétablit la communication avec l'armée du général Kerpen. Les François poursuivis ne se croyant plus en sureté à Brixen, se retirèrent précipitamment vers Cadore par la vallée de Puster; ce fut le 6 d'avril que les Impériaux rentrèrent dans Brixen, et le 8 les postes avancés du général Laudhon étoient déjà à Michelbach. Un corps d'armée commandé par le colonel Casimir étoit allé reprendre Trieste, et Laudhon maître du Tyrol s'étoit rendu à Vérone pour aider les Vénitiens et les porter à couper aux François tout moyen de retour en Italie, lorsque la nouvelle de l'armistice fit avorter tous ses plans.

Rappelez-vous maintenant, Monsieur, que les Autrichiens ayant repris le poste important de Clausen le 27 mars, et l'armée d'insurrection du Tyrol ayant dèslors fait changer dans le pays la face des affaires, Buonaparte dut en être informé avant le premier d'avril.... et ce fut le premier d'avril, jour de son entrée dans Clagenfurt, qu'il envoya faire à l'Archi-

duc des propositions de paix, affectant
des motifs bien autres que ceux qui le
déterminoient réellement à cette démarche. (*)

Peu de jours après, les comtes de
Bellegarde et de Merveldt demandèrent
à Buonaparte au nom de l'Archiduc, en
conséquence des offres de paix qu'il avoit
faites, un armistice de 10 jours pour préparer les voies à un accomodement, et
l'armistice fut conclu le même jour au soir,
savoir le 7. L'Archiduc et le cabinet de
Vienne ne pouvoient avoir appris alors
qu'une partie, tout au plus, de ce qui s'étoit
passé dans le Tyrol. Ils ignoroient certainement la reprise de Botzen et de Brixen
par les Impériaux. Il étoit donc de l'intérêt de Buonaparte de conclure avec
l'Autriche sans perdre de temps et d'accé-
lérer son assentiment par les offres les plus

(*) On prétend que le Directoire lui avoit donné ordre de
faire la paix à quelque terme que ce fût; mais quelle apparence y a-t-il que le Directoire ayant appris les succès mul-
tipliés des armes de Buonaparte sans être informé du danger qu'il alloit courir, lui ait ordonné de s'arrêter au milieu
de tant d'exploits, et d'avoir pitié de cet aigle orgueilleux
qu'il tenoit déjà presque dans ses griffes?

avantageuses. (*) Il ne pouvoit rester long-temps dans la même place sans argent, sans vivres, sans artillerie, et il ne pouvoit en sortir sans courir le risque d'être enveloppé de tout côté. Telles furent, sans doute, les raisons qui le portèrent à faire des avances qui durent étonner le cabinet de Vienne, et qui auroient dû lui faire soupçonner les dangers que le général françois sentoit si bien.

Il est clair, ce me semble, Monsieur, d'après ce que je viens de vous exposer, que si Buonaparte a, comme vous le prétendez, fixé le sort de l'Europe en proposant alors une paix très-avantageuse aux deux puissances belligérantes, il n'a fait en cela, tout au plus, que ce que tout autre auroit fait en sa place, et il a fait, avant que de se trouver réduit aux extrémités qui l'ont porté à cette démarche, ce que tout habile général n'auroit pas fait. Quoiqu'il vous plaise de qualifier de *brillans exploits militaires* ceux *qui l'avoient*

(*) Ce fut le 17 avril que les préliminaires furent signés au château d'Eckemvaldt près de Leoben par le comte de Merveldt et le marquis de Gallo au nom de l'Empereur, et par Buonaparte au nom de la République.

engagé dans une situation aussi critique, il est sans doute permis à ceux qui estiment plus dans un général la prudence que le courage, le sang froid et l'art de s'arrêter même au milieu des champs de la victoire, que le feu et l'enthousiasme du moment, de condamner, comme autant d'incartades, tant de victoires qui ne pouvoient, suivant toutes les règles, qu'aboutir à la plus complète et à la plus honteuse défaite. (*)

Il n'avoit qu'un moyen de se tirer de la dangereuse position qu'il avoit prise, moyen qu'il a saisi avec une habileté qui lui fait autant d'honneur au moins que les brillans exploits militaires qui l'avoient engagé dans une situation aussi critique. C'étoit de profiter de la consternation de

(*) Qu'on parcoure les papiers publics de ce temps, on y verra que plusieurs personnes, quoique sans doute moins *extraordinaires* que M. Buonaparte, avoient prévu l'état de détresse où il alloit être réduit. Plusieurs jugeoient alors que l'Archiduc attiroit les François dans les montagnes avec le même dessein qu'il les avoit attirés l'année précédente dans la Franconie et dans la Bavière, et, suivant toute apparence, avec la même certitude de succès. Peu, j'imagine, comptoient sur *l'heureux destin de la France* pour tirer Buonaparte de cette terrible crise.

la cour de Vienne, de lui présenter l'appât irrésistible d'un grand intérêt et de négocier assez avantageusement pour elle pour l'engager subitement à la paix. (Pag. 7 et 8.)

D'abord je ne vois pas, Monsieur, quelle habileté il y a à offrir de grands avantages, de grands intérêts à un ennemi qu'on sait très-bien être en proie à la plus grande terreur. Il me semble au contraire que c'est le moyen de lui faire comprendre, malgré lui, le danger de la position où l'on se trouve à son égard. Buonaparte ne pouvoit montrer beaucoup d'adresse dans une conjoncture aussi délicate, qu'en tâchant de persuader au cabinet de Vienne qu'il ne se croyoit nullement en péril. Il étoit même de la plus grande importance qu'il l'en convainquît de son mieux, car de cette conviction-là seule dépendoit le salut de son armée. N'a-t-il pas fait au contraire, (je n'argumente que d'après vos propres idées) tout ce qu'il a pu pour dissiper cette terreur panique et pour découvrir tout le danger de sa position en offrant à l'ennemi des termes suivant vous aussi avantageux ?... Car, encore un coup,

Buonaparte n'avoit encore donné aucune preuve de modération. Il avoit jusque-là tiré du succès de ses armes tout l'avantage que la supériorité des forces lui donnoit. Il s'étoit élancé avec l'éclat, la rapidité et les ravages de la foudre, de l'Italie presque dans le coeur de l'Autriche, et l'on ne pouvoit guère attribuer qu'à la nécessité les voies de douceur, de clémence, de générosité même auxquelles il avoit tout-à-coup recours. Car les offres qu'il fit alors étoient telles que le cabinet de Vienne n'auroit pu l'espérer en d'autres circonstances. Vous en convenez vous-même, Monsieur. *Les avantages que Buonaparte a accordés à l'Empereur dans la négociation de Leoben ont été proportionnés à la grandeur de son danger et en sont la preuve* (pag. 8.) Et quels étoient ces avantages ? Je me sers encore de vos propres termes. *Tout le territoire de Terre ferme de Venise depuis le lac de Guarda jusqu'à Rovigo, Venise, le Frioul, l'Istrie et la Dalmatie vénitienne, c'est-à-dire deux fois plus de territoire et de population qu'elle (l'Autriche) n'en possédoit dans la Lombardie.*

Des ports et des moyens de commerce qu'elle n'avoit jamais possédés (pag. 21.) J'ajoute que les concessions étoient non-seulement avantageuses sous le rapport de l'étendue de territoire, de population, de commerce, mais qu'elles l'étoient encore sous le rapport des facilités qu'elle offroit à l'Autriche pour recouvrer les états qu'elle avoit perdus. Cette acquisition ne pouvoit que nuire à l'indépendance des peuples dont il avoit prétendu briser les chaînes, elle rendoit, suivant vos propres expressions, le *despotisme du monarque autrichien formidable aux nouvelles Républiques qu'il fondoit en même temps en Italie.* (pag. 142.) Et vous trouvez, Monsieur, qu'en proposant des termes aussi avantageux il a donné des preuves d'une habileté extraordinaire? vous trouvez qu'il n'a pas fait assez d'efforts pour déchirer le voile qui cachoit aux yeux du cabinet de Vienne les dangers que couroit son armée d'être bientôt affamée ou taillée en pièces?.. Vous trouvez qu'il n'a pas laissé entrevoir la terreur qui s'étoit emparée de son ame; oui Monsieur, la terreur, car il est impossible de supposer une autre cause à

des

des propositions aussi amorçantes , à des concessions aussi libérales , à des présens aussi magnifiques.

Mais s'il en étoit ainsi, me direz-vous, que penser de l'aveuglement, de l'ignorance du cabinet de Vienne, que le concours de tant de circonstances, que tant de raisons auroient dû éclairer sur la vraie, position de Buonaparte?... Surement il y avoit de l'aveuglement; mais examinonsen les causes. Aux approches d'une armée qui ne portoit par-tout que le ravage et la destruction, qui avoit juré haine éternelle à la royauté et à tous les rois, qui jusqu'alors avoit dans sa marche rapide surmonté tous les obstacles, et que le sort, (*) au moins autant que le courage, avoit favorisée dans ses tentatives les plus extraordinaires; d'une armée, le fléau de l'Italie, la terreur des armes autrichiennes, et à qui le pillage et le plus affreux brigandage étoient devenus un appât, une récompense, un besoin une ha

____

(*) Une gelée extraordinaire avoit favorisé l'invasion de la Hollande. Une sécheresse, telle qu'on ne se souvenoit pas d'en avoir vu de semblable, leur avoit rendu guéables les rivières du Tagliamento, de l'Izonzo etc.

bitude, quels hommes n'auroient point été saisis de frayeur et livrés à la consternation ?.. Les principaux habitans des villes du Tyrol, de la Carinthie, de la Styrie avoient fui devant cette horde de destructeurs, et en fuyant jetoient l'épouvante dans tous les coeurs. Ils publioient que 19 bataillons de l'armée du Rhin avoient été cernés en Carinthie et faits prisonniers. On eût tout craint quand même on auroit eu tout à espérer. On ne voyoit que dangers et que présages de ruine là où la froide réflexion ne devoit trouver que des motifs de sécurité. Qu'on se rappelle dans quelle confusion étoit alors jetée la capitale de l'empire. Aussitot que la nouvelle de la retraite de l'Archiduc sur les frontières de l'Autriche fut arrivée à Vienne, et qu'on y fut informé de l'arrivée de Buonaparte à Clagenfurt, la frayeur s'empara des esprits. Tous ceux qui étoient munis de traites sur les mines de cuivre, et le nombre en étoit grand, se rendirent précipitamment à la banque pour les échanger contre des espèces plus solides. Bientôt tous les porteurs de billets de banque y coururent

pour le même sujet et la banque se trouva forcée de suspendre ses payemens.
Elle fut fermée durant trois jours.   Qu'on
se figure l'épouvante que dut répandre
par-tout, la fuite de plusieurs des principaux habitans de Vienne, les préparatifs
du départ de la Famille Impériale, la hâte
avec laquelle on emballoit tous les trésors de l'empire, les bruits de toute espèce
que les ennemis du gouvernement propa-
geoient de tout côté. L'ennemi, disoit-on,
maître du Danube va couper les vivres
et affamer la capitale.   Il faut s'attendre,
crioient d'autres, à un massacre général
en cas de résistance.   Les horreurs et les
suites d'un siége s'offroient déjà à l'ima-
gination.   Que vous dirai-je, Monsieur;
les ministres eux - mêmes, dénoncés aux
habitans par le chef des Vandales comme
esclaves de l'Angleterre, corrompus par
son or, traîtres à la patrie et ennemis du
peuple (*), avoient plus à craindre que
tout autre du progrès des armes françoises, souhaitoient plus que personne de

(*) Voyez la proclamation de Buonaparte adressée de Clagenfurt aux Autrichiens le 1er avril.

les voir s'éloigner à quelque prix que ce fût. Enfin les intrigues et les efforts combinés des agens secrets de la République dont Vienne étoit remplie et dont quelques-uns même avoient, dit-on, accès auprès du trône, contribuèrent à répandre par-tout la défiance et l'effroi. — Ainsi, quoique Buonaparte n'ait dû en aucune manière compter, en s'engageant dans cette expédition, sur l'influence d'une terreur causée en grande partie par des circonstances qu'il n'avoit pu prévoir, il est certain que la consternation étoit à son comble dans le cabinet même de Vienne, et que l'inquiétude pour sa propre conservation avoit presque absorbé toute autre considération.

Les François ayant eu le funeste bonheur de toujours vaincre sont devenus conquérans, et oubliant les principes sur lesquels ils ont basé leur Constitution, ont adopté le système de partage politique à la mode en Europe depuis 1772. L'exemple leur en a été donné par les chefs des nations qui crient le plus contre la politique envahissante des nouveaux Républicains (pag. 15.)

Quel but, Monsieur, vous proposez-vous en établissant ainsi une comparaison odieuse entre la conduite de quelques princes relativement au partage de la Pologne, et l'esprit d'invasion et de rapine qui a jusqu'ici si particulièrement distingué la moderne administration de la France? Prétendez-vous excuser celle-ci par l'exemple de l'autre? — Que dis-je, vous faites plus que de paroître l'excuser. Vous justifiez en quelque manière la constitution françoise du reproche que vous faites aux plus grands rois de l'Europe. En effet, vous dites que si les François ont adopté le système de partage politique, c'est parce qu'ils *ont oublié* les principes sur lesquels ils ont basé leur constitution. Quoi, Monsieur, pouvez-vous avoir oublié que la constitution de 1795 sanctionne les envahissemens les plus iniques, les plus scandaleux? comptez combien de départemens ont été ajoutés par la constitution de 1795 à la liste de ceux qui formoient la république trois ans auparavant. Direz-vous qu'elle les a acquis, ces nouveaux départemens, par droit de conquête?... En en sanctionnant l'acquisition et l'union à la république elle ne condamne donc point le système de partage qui n'est que le résultat du droit de conquête, ou si vous le voulez, du droit du plus fort. — Direz-vous qu'elle les a acquis par le voeu des habitans mêmes des nouveaux départemens? Elle ne condamne pas plus de cette manière la politique envahissante, car sous ce prétexte elle peut s'adjuger toute l'Europe.   Je dis qu'elle ne condamne point les systèmes d'invasion, lors même que les peuples étrangers se livrent à elle de plein gré, et qu'elle les reçoit sans scrupule; à plus forte raison, lorsque ce prétendu abandon, cette demande, ces prières de réunion ne sont, au su de tout le monde, que des farces grossières qui n'en imposent pas même aux plus simples. Qui ne sait, en effet, que toutes ces assurances de fraternité, ces affectations de dévouement, ces désirs d'incorporation à la République-mère ne sont que l'effet des intrigues et des clameurs des factieux les plus actifs et les plus effrontés, et que tandis que les peuples gémissent sous le poids des contributions, qu'ils sont harassés persécutés pil-

lés par les armées ; qu'on chasse leurs magistrats, qu'on leur enlève leur jeunesse,
qu'on arrache leurs ministres de leurs
églises, qu'on leur fait enfin sentir toutes les horreurs de l'oppression et de la
servitude, des voix s'élèvent du milieu
d'eux pour remercier la République françoise d'avoir brisé leurs chaînes, de les
avoir rendus à la dignité, à la grandeur
de leur destination primitive, et pour les
prier de vouloir bien les recevoir dans son
sein?. . .

Non-seulement la constitution de 1795
sanctionne toutes ces invasions, tous ces
brigandages, mais elle autorise d'avance
tous ceux qui auront lieu à l'avenir. Elle
invite en quelque manière les François
à les multiplier. Car quel autre but peut-
on lui supposer, lorsqu'elle refuse de fi-
xer le nombre des départemens? Remar-
quez bien ces expressions, Monsieur: *La
France est divisée en departemens.* (Constitution françoise titre I.) Les départemens étoient avant la guerre au nombre
de 83 ; la Constitution de 1795 les porte
à 89, et point encore satisfaite de cette
énorme extension de territoire, elle laisse

un vide pour y placer.... Quoi donc, Monsieur,...l'Europe toute entière ? Oui, Monsieur, les auteurs de cette constitution ont prouvé depuis qu'ils avoient l'espoir de réunir, comme autrefois les Romains, toute l'Europe à leur république, ou au moins, de la mettre à sa disposition et sous sa verge, ce qui est à-peu-près la même chose. Les auteurs de la constitution de 1795 avoient déclaré en plusieurs occasions qu'ils aideroient toutes les nations à secouer le joug de leurs princes. C'est le même esprit qui animoit les républicains de 1795 et ceux qui avoient fait porter l'infame décret porté au mois de novembre 1792 contre la sureté de tous les états de l'Europe. Ils ont jusqu'à présent été fidelles à leurs promesses. Ils le seront tant qu'ils existeront, tant que la doctrine des droits de l'homme sera, je ne dis pas dans le coeur des maîtres de la France, car ils s'en moquent au fond et ne peuvent que s'en moquer ; mais sur leurs lèvres pour séduire les simples et encourager les méchans. Ils seront fidelles à leur promesse tant qu'il sera en leur pouvoir d'exciter des troubles et des révoltes dans les royaumes qui ont su résister jusqu'à présent à leurs intrigues, tant qu'il se trouvera sous les meilleures constitutions et sous les gouvernemens les plus modérés assez de misérables sans principes, sans moeurs, sans ressource, pour trahir leur pays et favoriser les projets de ces ennemis du genre humain... Aviez-vous bien considéré tout cela, lorsque vous écrivites (pag. 72.) que la révolution n'avoit pas pris le caractère de conquéte et d'entension que la foiblesse, la mauvaise foi, la mal-adresse de ses ennemis lui ont donné. C'est-à-dire, suivant vous, qu'elle ne l'a pas pris d'elle-même: que ses principes ne respirent que la paix et la concorde; qu'ils valent mieux en un mot que ceux des chefs des nations qui crient le plus contre leur politique envahissante.... Et c'est ainsi, Monsieur, qu'au milieu de cette confusion épouvantable dont plusieurs parties de l'Europe offrent maintenant le spectacle, et dont le reste est menacé, vous présentez aux peuples presque chancelans dans leur obéissance et à demi révoltés un modèle de modération et de justice dans une constitution qui nourrit et développe tous les jours le germe d'une insurrection générale.

La Constitution de 1795 est si éloignée de proscrire le système d'une politique envahissante que non-seulement elle approuve les invasions qui ont eu lieu, mais, si nous en croyons son organe principal en France, je veux dire le Directoire exécutif, elle s'oppose même à la reddition, à la cession des pays envahis; de sorte qu'une fois engloutis dans le tourbillon de la république, tout espoir de les recouvrer est perdu. En effet, lorsqu'au mois de mars 1796, Mr. Wickam invita le Directoire au nom du gouvernement britannique à déclarer ses intentions concernant les bases d'une pacification générale, Mr. Barthélemi *eut ordre d'y répondre par l'exposé des sentimens et des dispositions du Directoire exécutif.* Et voici quelles étoient ces dispositions.

„ Le Directoire exécutif dont la poli-
„ tique n'a pour guide que la franchise
„ et la loyauté, suivra dans ses explica-
„ tions une marche qui y sera entièrement
„ conforme. Cédant au désir ardent qui

» l'anime de procurer la paix à la répu-
» blique françoise et *à tous les peuples,*
» il ne craindra pas de se prononcer ou-
» vertement. Chargé par la constitution
» de l'exécution des lois, il ne peut faire
» ou entendre aucune proposition qui
» y seroit contraire. *L'acte constitution-*
» *nel ne lui permet de consentir à au-*
» *cune aliénation de ce qui, d'après les*
» *lois existantes, constitue le territoire de*
» *la République.* «

Assurément, le Directoire ne pouvoit
mieux rendre l'esprit de la Constitution
de 1795. Il faut l'en croire sur sa parole
et regarder cette déclaration comme un
trait de franchise. Laissez-le faire. Bientôt quelques nouvelles conquêtes vont
grossir la liste des départemens, l'acte
constitutionnel n'en a pas fixé le nombre;
il s'en est rapporté là dessus à la discré-
tion du pouvoir exécutif; mais il ne lui
permettra jamais de consentir à aucune
aliénation. Une fois réunis, plus d'espoir de les recouvrer... Je vous le demande, Monsieur, n'est-ce pas dire en
termes couverts, il nous est permis d'envahir et non de rendre; de prêcher la

révolte, de *révolutioniser*, de devenir le fléau et le destructeur de tous les états où nous pouvons pénétrer, mais non de leur restituer jamais l'indépendance et la paix... Et tout en avouant des dispositions aussi infernales, le Directoire ose parler de *sa loyauté, du désir ardent qui l'anime de procurer la paix à la république françoise et à tous les peuples!* (*) Ce que je viens de vous dire touchant l'esprit de la constitution françoise suffit déjà pour vous prouver, Monsieur, combien

„(*) La réponse du cabinet de St. James à cette ridicule déclaration du Directoire est telle qu'on avoit droit de l'attendre. La voici.

La cour de Londres a reçu de la part de son ministre en Suisse la réponse faite aux questions qu'il avoit été chargé d'adresse à Mr. Barthélemi par rapport à l'ouverture d'une négociation pour le rétablissement de la tranquillité générale.

„Elle a vu avec regret combien le ton et l'esprit de cette réponse, la nature et l'étendue des demandes qu'elle renferme, et la manière de les annoncer sont éloignés de toute disposition pacifique.

„On y avoue la prétention inadmissible de s'approprier tout ce que les lois actuellement existantes en France peuvent avoir compris sous la dénomination de territoire françois. A une pareille demande on ajouté la déclaration expresse de ne vouloir ni faire, ni même entendre aucune proposition con-

il y a loin des principes qui ont jusqu'à
présent guidé les cabinets de tous les princes de l'Europe, à ceux qui caractérisent
si bien l'esprit de rapine et de confusion
sur lequel est fondé en réalité le répu-
blicanisme moderne. Des guerres justes
ou injustes ont causé sans doute bien des
désordres, car des abus de ce genre sont
aussi inévitables sous les meilleures mo-
narchies que sous les républiques les
mieux constituées. Des succès ont pro-
curé quelquefois une extension de ter-

traire; et cela sous le prétexte d'un règlement interne aux
dispositions duquel toute autre nation est entièrement
étrangère. Tandis que l'on persistera dans ces dispositions,
il ne reste au Roi que de poursuivre une guerre également
juste et nécessaire.

Dès que ses ennemis feront paroître des sentimens plus
pacifiques, sa majesté s'empressera toujours d'y concourir,
en se prêtant, de concert avec ses alliés, à toutes les mesures les plus propres à rétablir la tranquillité générale sur
des conditions justes, honorables et permanentes, soit par
l'établissement d'un congrès, moyen qui a si souvent et si
heureusement rendu la paix à l'Europe; soit par la discus-
sion préliminaire des principes qu'on pourra proposer de part
et d'autre pour base d'une pacification générale; soit enfin
par l'examen impartial de toute autre voie qui lui sera indi-
quée pour arriver au même but salutaire.

Le 10 avril 1796.

ritoire ; mais au moment qu'il a été
tion de réconciliation, aucune des
sances belligérantes a-t-elle jamais de
que les lois de l'état lui défendoie
cession du territoire conquis? Si des
tages iniques ont eu lieu, l'espoir
retour à la justice a-t-il été entière
perdu?

Le partage de la Pologne est auss
juste qu'impolitique. On peut le d
l'honneur de la philosophie moderne;
principalement à un prince élevé à
école, nourri de ses principes et ins
par ses coriphées, que la République
çoise doit ce que vous appelez un *exe*
de politique envahissante Mais les
tifs et les résultats de ces usurpations
bien différens chez les princes, quels q
soient, qu'ils ne sont chez les Rép
cains modernes.

Tout odieux que soit le partage d
Pologne, est-il à comparer le moin
monde avec la vente, le bouleversen
et le pillage de Venise par une répu
que qui affecte de prendre pour base
que de toutes ses démarches les di
de l'homme et du citoyen?

Lorsque le projet d'envahir la Pologne
fut conçu, les principes fondamentaux
de la constitution de ce royaume étoient
depuis long-temps une source intarissable
de divisions, de révoltes, de commotions
violentes, dont la réaction agitoit les empires voisins. Il n'y avoit aucune sorte
de gouvernement stable et propre à procurer la paix et le bonheur à ses habitans.
Je dis qu'un pays n'a au vrai, point de
gouvernement stable et permanent, lorsque les principes sur lesquels on fonde
sa constitution sont par eux - mémes destructeurs de l'harmonie, de la concorde;
lorsqu'ils ne sont bons d'un côté qu'à exciter les guerres civiles et de l'autre qu'à
porter les princes voisins à interposer
souvent leur autorité pour y rétablir et
maintenir le bon ordre.

Depuis plus de 300 ans la Pologne étoit
livrée à des divisions intestines qui firent
de ce beau pays un théâtre de brigandages et le séjour d'une oppression insup-
portable. L'indépendance qu'affectoient
les grands du royaume, la plupart très-
riches; les priviléges immenses dont les
lois mêmes les avoient mis en possession,

leur conduite insolente envers le chefs de l'état, leur tyrannie envers les classes inférieures, leurs querelles, leurs divisions, enfin l'impuissance et la nullité des Rois, telles furent les causes de la confusion qui régna si long-temps dans le royaume, et qui força souvent les princes voisins à s'immiscer dans leurs affaires.

Les grands étoient parvenus, en augmentant successivement leurs prétentions, à dépouiller l'autorité royale de ses principaux attributs; de ces attributs sans lesquels elle n'est plus qu'un phantôme de puissance, et ne peut servir qu'à augmenter le désordre. Un des principaux articles des fameux *Pacta conventa* portoit que si le Roi se permettoit d'enfreindre les lois et de méconnoître les priviléges de la nation, les sujets, c'est-à-dire, les grands; car la classe inférieure étoit dans l'esclavage, ou à-peu-près, les sujets dis-je étoient par le fait, déliés du serment de fidélité. On conçoit aisément qu'une monarchie qui reconnoît et consacre un tel principe, ne peut exister long-temps en paix. Aussi ce fut une source inta-

intarissable de révoltes. Mais ce n'étoit pas encore assez. Sous le règne de Jean Casimir, vers le milieu du siècle dernier fut extorqué le fameux *Veto* ou droit dont jouit chaque noble d'arrêter seul la délibération de toute une diète, et de la dissoudre par le simple acte de sa volonté. Qu'on raisonne tant qu'on voudra sur les différentes formes de gouvernement propres à procurer aux hommes les avantages de l'état de civilisation, jamais on ne trouvera moyen d'y placer celle-ci. Une constitution qui consacre de tels principes ne peut produire que l'anarchie. Ce n'est donc point un gouvernement; c'est un état de guerre perpétuelle.

Aussi les effets ont-ils été proportionnés à la cause. Il n'est point d'excès auxquels l'aristocratie ne se soit portée dans ce malheureux pays. Les Grands affectoient en toute occasion de fouler aux pieds la majesté royale; ils levèrent dans leurs districts respectifs des régimens indépendans du chef de l'état. Pour mieux fortifier leur pouvoir de résistance, ils formèrent des confédérations sous prétexte de protéger les lois. Des chocs vio-

lens s'ensuivirent et les plus foibles ap-
pellèrent à leur aide les princes voisins,
allèrent chez eux les exciter à porter la
guerre et la désolation dans leur patrie et
ne réussirent que trop souvent. On vit
même de ces confédérés dont le but étoit
d'empêcher les nobles dissidens de ren-
trer en possession des priviléges dont ils
avoient joui autrefois, se distinguer par
des croix brodées sur leurs habits, et
implorer la protection et le secours des
Turcs mêmes pour la défense de la religion catholique.

On vit en 1766 un prince de Radzivill,
chef d'une confédération contre les dissidens, assembler sous les yeux même
de son infortuné monarque, les plus vio-
lens, les plus furieux ennemis de ce prince
et adopter des résolutions attentatoires à
son autorité et au repos de l'état.

On vit, à-peu-près dans le temps que
le partage de la Pologne fut arrêté, un
général Pulawsky, chef des confédérés
de Bar méditer et faire exécuter le plus
lâché des assassinats dans la personne
même du roi. Le prince n'échappa des

mains des régicides que couvert de blessures.

Je ne dis pas, malgré toutes ces consi-
dérations, que les puissances voisines
avoient raison de se mêler des affaires in-
térieures de la Pologne. (*) Je ne crois
pas, comme bien d'autres, que c'étoit leur
devoir de mettre à la raison ces turbu-
lens voisins et de les forcer à respec-
ter une autorité dont le mépris et l'avilissement rejaillissoient jusque sur leurs
couronnes. Je ne me fais pas juge des
moyens légitimes par lesquels on pouvoit procurer la paix à ce royaume. Je

(*) Avant et durant la diète de 1773 où la sanction de
ce partage inique fut extorquée les armes à la main, le feu
roi de Pologne que ses vertus rendoient digne d'un meilleur
sort, s'étoit fortement opposé aux prétentions des co-parta-
geans. Il n'en fut pas moins indignement traité au sortir
de la diète par les principaux des confédérés. Ils lui repro-
chèrent hautement de la lâcheté et de la trahison dans cette
malheureuse affaire. Le Prince n'opposa d'abord à ces re-
proches que sa patience et sa douceur accoutumées ; mais
enfin poussé à bout et indigné de l'insolence des nobles, il
se leva, jeta son chapeau par terre et leur dit fièrement :
» Messieurs, je suis las de vous entendre, le partage de no-
» tre malheureux pays est *une suite de votre ambition, de*
» *vos disputes éternelles. C'est à vous seuls que vous de-*
» *vez attribuer vos malheurs.* «

ne puis qu'en condamner le partage et les moyens employés à cet effet ; mais je ne crains pas de dire que si cette usurpation a causé des désordres dans le principe, si elle a fait couler le sang et attiré alors bien des maux sur ce malheureux pays, au moins en est-il résulté la paix et un gouvernement stable. (*) La continuation de l'anarchie en auroit peut-être causé de pis. La nouvelle constitution du 3 mai 1791 n'extirpoit point la ra-

(*) Rien ne convient mieux à la Pologne, à ce royaume qui seul en Europe avoit conservé tout entier le système de l'anarchie féodale que ces observations de Montesquieu : »Les états que l'on conquiert ne sont pas ordinairement »dans la force de leur institution. La corruption s'y est »introduite ; les lois y ont cessé d'être exécutées ; le gouver-»nement est devenu oppresseur. Qui peut douter qu'un état »pareil ne gagnât et ne tirât quelques avantages de la con-«quête même si elle n'étoit pas destructrice ? Un gouverne-»ment parvenu au point où il ne peut plus se réformer »lui - même, que perdroit-il à être refondu ? Un conquérant qui »entre chez un peuple où par mille ruses et mille artifices »le riche s'est insensiblement pratiqué une infinité de moyens »d'usurper ; où le malheureux qui gémit, voyant ce qu'il croy-»oit des abus *devenir des lois*, est dans l'oppression, et »croit avoir tort de la sentir : un conquérant dis-je peut dé-»router tout, et la tyrannie sourde est la première chose qui »souffre la violence. « (Esprit des lois liv. X. ch. IV.)

cine du mal. Elle n'étoit, à proprement parler, qu'une précaution forcée contre les prétextes d'invasion et d'usurpation des puissances voisines; qu'un palliatif qui n'auroit suspendu que pour peu de temps les animosités et les guerres civiles; qu'un moyen enfin pour les Magnats de conserver pour le moment leur indépendance menacée de tout côté.

Quoi qu'il en soit, si la Prusse, la Russie et l'Autriche se sont partagé la Pologne contre toute justice, contre toute décence, au moins n'ont-elles pas ajouté l'insulte à la violence. Au moins n'ont-elles pas couvert du masque hypocrite de la liberté et de l'égalité, promises au peuple qu'ils subjuguoient, l'indépendance que promettent les Républicains de France aux Nations qu'ils envahissent, au moment qu'ils les dépouillent, qu'ils leur imposent le joug le plus dur. Au moins n'ont-elles pas désorganisé en Pologne les bases de la civilisation, anéanti les fondemens de l'ordre social en armant les pauvres contre les riches, les foibles contre les forts, la lie et le rebut de la nation contre les classes supérieures; en sapant les principales colonnes des empires, la morale et la religion; en ôtant, en un mot, aux peuples avec lesquels ils ont ainsi fraternisé, tout espoir de paix et de sécurité à l'avenir.

Venise jouissoit d'une paix profonde lorsque le héros de l'Italie y est venu porter le fer et le feu. Si l'on doit juger de l'excellence d'une constitution par sa grande antiquité, par la paix et la prospérité constantes de l'état où elle est observée, nous aurons une grande idée de celle de Venise. Mais s'il en falloit juger par ce que vous nous en dites vous-même, il seroit fort difficile de s'en former une idée quelconque. Vous avancez d'abord que *sa constitution étoit la satire la plus cruelle du cœur humain, que sa base étoit le soupçon, ses supports, le machiavélisme, le despotisme et le mystère* (page 69) et une vingtaine de lignes plus bas vous assurez que *la constitution vénitienne pouvoit passer pour un chef-d'œuvre, parce qu'elle étoit bien adaptée à la mollesse du siècle, a la foiblesse des institutions sociales.* Quelle contradiction! quelle inconséquence! Puisque le grand

art de gouverner les hommes avec sa-
gesse est de les supposer dans la théo-
rie (*) et de les traiter dans la pratique

(*) Ce n'est pas ce que pensoit Condorcet dans son
*esquisse d'un tableau historique des progrès de l'esprit hu-
main*, ouvrage qui montre tout-à-la-fois jusqu'à quel degré
peuvent aller la vanité, l'orgueil et la foiblesse de l'esprit humain chez les individus même les mieux partagés de la nature. Le système du célèbre Kant, si répandu, si goûté aujourd'hui en Allemagne n'établit pas plus heureusement la
perfectibilité indéfinie de l'esprit humain; mais il est plus
dangereux parce qu'il est moins intelligible.... Condorcet ne
fonde le sien que sur l'analogie. On n'est pas forcé d'avoir
recours à des raisonnemens bien métaphysiques pour l'arrêter dans sa course et montrer le faux et le ridicule de ses in-
ductions. Mais le philosophe Kant ne raisonne qu'à *priori.*
Il s'enveloppe d'une nuée impénétrable de termes obscurs et
barbares et de tout l'attirail du jargon métaphysique. On se
croit en le lisant, reporté au siècle des entités, quiddités etc.
et ce n'est pas déjà un travail médiocre que de le comprendre. L'histoire des erreurs de l'esprit humain montre assez
combien les systèmes les plus extravagans et les moins faciles
à saisir, font fortune... Un Mr. Godwin ne vient-il pas d'a-
vancer dans un ouvrage qui n'annonce certainement pas un
esprit médiocre, non - seulement qu'un jour on pourra se passer de dormir, de boire, de manger, se rendre immortel etc.;
mais encore qu'il n'est pas impossible que la charrue ne
puisse un jour labourer nos champs d'elle-même et sans l'aide ou direction de qui que ce soit (Godwin on political justice tom. 2, p. 494, ed. 8.) encore si tout cela ne menoit point
à l'insubordination, à l'athéisme, pourroit-on en rire; mais
lorsqu'on voit Condorcet en déduire *la connoissance générale*

tels qu'ils devroient être ; que peut faire de mieux un législateur dans un *siècle de mollesse* et où la génération qu'il est chargé de gouverner en est attaquée d'une manière plus particulière encore que les autres, que d'y accommoder jusqu'à un certain degré l'esprit de ses lois? Que peuvent faire de mieux des Magistrats chargés de surveiller l'exécution de ces lois que de remplir cette fonction avec la vigilance, l'autorité et l'énergie proportionnées *à la mollesse du siècle?* en un mot quel plus grand éloge peut-on faire aujourd'hui d'une constitution que de dire qu'elle est bien adaptée à la mollesse du siècle.... et pourtant que peut-

des droits naturels de l'homme, l'opinion même que les droits sont inaliénables et imprescriptibles... l'indifférence *pour les religions placées enfin au nombre des superstitions ou des inventions politiques* (pag. 264 et suiv.) l'arrivée prochaine *du moment où le soleil n'éclairera plus que des hommes libres et ne reconnoissant d'autre maître que leur raison* (338)... lorsqu'on voit M. Dumourier, sans doute plein de ces idées, s'écrier emphatiquement : *L'opinion des rois descend, celle des peuples monte!* (pag. 23) on ne peut qu'avoir de l'horreur pour un tel système, et que se défier beaucoup, pour ne rien dire de plus, de tous ceux qui le professent.

on en dire de pis que d'assurer qu'elle n'a *pour base que le soupçon, pour supports que le machiavélisme, le despotisme et le mystère.* S'il n'y a point de contradiction dans les deux aperçus, vous ne faites pas la satire de la constitution de Venise, mais celle du genre humain dans le siècle où nous vivons.

Quoi qu'il en soit de la nature de l'antique constitution de Venise, vous convenez que *ses habitans humiliés, mais apathiques, y jouissoient avec uniformité d'un repos ignoble, mais assez doux, sous un gouvernement modéré, quoique ombrageux et sévère* (page 71) ; la discorde et la guerre civile n'y avoient point, comme en Pologne, établi leur empire depuis des siècles. On n'y éprouva jamais, par une suite de la nature du gouvernement, les commotions dont l'impulsion, comme en Pologne, se communiquoit aux états voisins. Elle n'offroit enfin sous ce rapport aucun prétexte spécieux d'agression ni d'invasion à la République françoise. Au contraire, elle étoit depuis long-temps son alliée. Elle l'étoit, lors même que presque toutes les autres puissances dédai-

gnoient cette République naissante for-
mée du sang le plus pur et le plus illustre de ses citoyens. On fit cas de son
amitié et de son alliance, on la respecta
tant que la distance des lieux la mit à l'a-
bri d'une invasion ; mais dès qu'elle fut
à la portée du feu républicain, tout fut
oublié, compté pour rien. Venise perdit
la paix, la liberté, l'existence ; et elle les
perdit de la manière la plus infame. (*)

Au moment que Buonaparte et son armée agitoient une grande partie de l'Italie et que les nouvelles républiques s'or-
ganisoient à la voix de ce conquérant législateur, il fut arrêté que Venise devoit

(*) Lorsque je veux faire sentir ici la différence qui se
trouve entre les procédés *ordinaires* de la République et ceux,
bien rares sans doute, des princes les plus justement accusés
d'usurpation, c'est pour mettre autant qu'il est possible des
bornes à mon sujet et me renfermer dans le texte même de
Mr. D. que j'insiste uniquement sur l'invasion, le dépouille-
ment et la vente de Venise et autres villes d'Italie. Que
n'aurois je pas à dire sur l'envahissement, le pillage et la ruine
des Pays-bas, de la Hollande, des bords du Rhin, de la
Suisse etc. Que de brigandages, que d'horreurs ont précédé,
accompagné, et suivi les François dans ces malheureux pays!
Quel désordre y règne aujourd'hui et y régnera tant que la
verge exterminatrice du Directoire françois y pourra at-
teindre!

entrer dans le tourbillon général. En conséquence on y dépécha une nuée d'agitateurs qui travaillèrent ce malheureux peuple, lui *ouvrirent les yeux* sur les vices de son gouvernement et lui inspirèrent une portion du feu qui les animoit, celui de l'insurrection contre tous les tyrans. Des divisions dans les ordres et dans les familles, des troubles s'ensuivirent en plusieurs endroits; enfin quelques villes demandèrent à être incorporées à la grande République. L'aurore de la liberté françoise paroissoit déjà sur le territoire vénitien et l'on n'attendoit plus pour l'y faire luire dans tout son éclat que la coopération du héros de l'Italie, que le génie de la victoire poussoit avec force jusque sous les murs de Vienne.... Mais hélas! au moment que ces nouveaux adeptes de la doctrine révolutionnaire se flattoient qu'il s'occupoit des moyens de briser leurs chaînes, et faisoient des voeux pour le retour du restaurateur de la liberté vénitienne, il les vendoit comme des esclaves; et à qui?... à leur ancien ennemi, à un *Despote.*

Deux ou trois semaines après qu'il eut

aussi perfidement sacrifié Venise à sa propre sureté, il exécute cette malheureuse ville d'une manière digne du brigand le plus effronté et le plus barbare. A sa voix la tourbe révolutionnaire s'agite dans Venise; des canons sont braqués contre la porte du grand Conseil; les cris de liberté et d'égalité se font entendre par-tout; les Magistrats contraints de céder à la force, renoncent à leur autorité; l'arbre de la liberté couvre la place St. Marc de ses ombres, et la lie du peuple électrisée parcourt les rues le fer et le feu à la main (*), quantité de maisons sont renversées; d'autres livrées aux flammes. Le sang coule de toute part; le génie tutélaire de l'Italie est invoqué, et Buonaparte y envoie ses troupes.

Cette ville s'étoit flattée d'abord que les Républicains n'étoient accourus dans ses murs que pour y rétablir le bon ordre... ils n'y étoient venus que pour la piller, la dépouiller de tout après avoir intimidé les grands de l'Etat par une explosion de la fureur du peuple, ils organisent dans Venise un gouvernement monstrueux

(*) Le 12. mai 1779.

dont l'autorité loin de résister à leurs dilapidations et brigandages, ne pouvoit que les sanctionner. Juifs, Grecs, Sclavons, étrangers de toute nation vendus à leur rapacité composent la municipalité, le nouveau sénat de Venise. Bientôt on se saisit de la flotte, et des marins françois accourent de toutes parts pour l'équiper. Des contributions exorbitantes, levées le sabre en main, font sortir l'or de ses retraites cachées; l'argenterie des églises et des particuliers est livrée aux *libérateurs*. La liberté françoise triomphe; sur la bannière où on lisoit autrefois des caractères sacrés (*) brillent maintenant ceux de la philosophie et de la régénération modernes J. Diritti del Vomo e del Cettadino; la place St. Marc n'est plus que la place de la révolution. Avec les richesses, la magnificence et la gloire de cette ville antique disparoissent bientôt les traces de la religion, les monumens de son ancienne piété; et Venise saccagée, pillée, dépouillée de tout ce qu'elle avoit de précieux et de respecta-

(*) Pax tibi Marce.

ble, est livrée tout de suite après comme un cadavre nu, sanglant et infect, à ce qu'on appelle le premier et le plus grand despote de l'Europe !

Le voilà, Monsieur, le *général extra-ordinaire*, ce *génie héroïque* que l'Europe admire ! Les voilà, les moyens honorables d'échapper aux armes autrichiennes, qu'il a *saisis avec habileté et qui lui font autant d'honneur au moins* que ses brillans exploits militaires ! le voilà, le partage infame que vous ne craignez pas de comparer à celui de la Pologne ! Buonaparte étoit l'ame, l'ordonnateur de tous ces brigandages. Il a tenté, il est vrai, avec une imprudence égale à sa scélératesse d'imputer les troubles de Venise à l'or de Pitt (*) il a affecté d'être le pacificateur des troubles qu'il avoit suscités ; mais il y a long-temps que son mérite révolutionnaire est apprécié à sa juste valeur par tous ceux que l'éclat de ses succès n'a point éblouis.

Que vous dirai-je de la même révolution opérée à Gènes sous ses auspices peu de temps après le pillage de Venise ? Gè-

(*) Voyez les dépêches de Baraguay d'Hilliers en date du 20. mai.

nes avoit rendu nombre de services à la
France. Elle avoit épargné plus d'une
fois à ses provinces méridionales les horreurs de la famine. Ce n'étoit pas assez
qu'elle eût été agitée, tourmentée sans
relâche par les Proconsuls françois, menacée, harassée continuellement par les
armées révolutionnaires. Le saccage de
Venise avoit irrité l'appétit avare, la soif
législatrice de Buonaparte, et bientôt la
constitution de Gènes est renversée, ses
richesses pillées, son existence anéantie.

Retracerai-je à vos yeux l'image de ce
héros arbitre suprême de la paix et de la
guerre, organisant et désorganisant, di-
visant, réunissant les républiques italien-
nes à sa volonté, tantôt les forçant d'accepter la constitution françoise purement
et simplement, tantôt leur en dictant une
à sa fantaisie, envoyant, par-tout où il
lui plaît d'introduire une révolution, des
apôtres de la nouvelle doctrine chargés de
préparer les esprits, d'organiser les révoltes, de déterminer ou forcer les peuples
à l'invoquer dans leur détresse?... C'est
ainsi qu'Ancona demanda et obtint sa
réunion à la République cisalpine mal-

gré le traité par lequel Buonaparte la ga-
rantissoit au Pape. C'est ainsi que la Ro-
magne, Lucques, Bologne, Ferrare etc. furent entraînées successivement par le torrent dévastateur. C'est ainsi que toute
l'Italie, jadis le siége paisible et le déposi-
taire des beaux arts, le centre des ama-
teurs et l'objet de la juste curiosité des
voyageurs de toute nation, bouleversée,
et dépouillée de ses plus précieux monumens, n'est plus que l'antre de la discorde et de la fureur révolutionnaire.... et
voilà, Monsieur, ce qu'ont produit le *génie héroïque*, les *brillans exploits qui font,
suivaut-vous, tant d'honneur* au tyran de
l'Italie!

Le grand, le solide mérite ne peut se
plaire dans le désordre. Le vrai génie
héroïque ne se fait précéder et suivre en
tous lieux que par la justice, par l'amour
de la paix et de la concorde, par un saint
respect pour les propriétés, par une horreur pour l'effusion du sang innocent,
par une profonde vénération non-seulement pour la religion, mais encore pour
toutes les lois, quelles qu'elles soient, qui
assurent la sécurité et le bonheur des

peuples

peuples... une seule de ces vertus con-
vient-elle à Buonaparte? lui manque-t-il
un seul des vices opposés à ces vertus?

„*Si les puissances étrangères avoient*
„*pu rester simples spectatrices de ce grand*
„*événement (de la grande révolution com-*
„*mencée en France en 1789) il n'auroit*
„*agi que sur la nation seule; ses consé-*
„*quences eussent été très-lentes. Son in-*
„*fluence sur le reste de l'Europe eût été*
„*presque insensible et n'eût pu être que*
„*bienfaisante parce qu'elle n'eût été ac-*
„*compagnée ni de crimes ni de désordres,*
„*ni de massacres, ni d'excès d'opinion.*
(page 15)

C'est-à-dire, Monsieur, en termes moins
couverts que ce n'est pas la faute des auteurs de la révolution de 1789 si celle-ci
a pris dans la suite le caractère d'extra-
vagance et d'atrocité qui la distingue de
toutes les révolutions anciennes et modernes. C'est-à-dire que tous *les crimes,
les désordres, les massacres, les excès d'o-
pinion*, en un mot, toutes les horreurs
dont la France a donné à l'Europe le tris-
te et affreux spectacle depuis 1789, doi-
vent être en quelque sorte mises sur le

compte des puissances étrangères parce
que sans doute elles les ont provoquées par
leurs intrigues, par les extrémités auxquelles elles ont réduit les François....
Voilà assurément une excuse pour toutes
les extravagances, pour toutes les cruau-
tés, pour toutes les abominations dont les
modernes républicains se sont rendus coupables, à laquelle je ne pouvois m'attendre.
Quoi donc, la révolte déclarée d'une nation contre son légitime souverain, contre
le plus sage, le plus doux des souverains, la
doctrine des droits de l'homme, de l'indépendance et de l'égalité absolue préchée
publiquement, et impunément par toute
la France dès les premiers jours de la révolution, étoient donc, suivant vous, très-
innocentes? Elles ne pouvoient, dites-
vous, que devenir bienfaisantes, si on les
avoit laissé opérer d'elles-mêmes et sans
contrainte!... En vérité, Monsieur, je ne
sais si je rêve lorsque je lis les lignes tra-
cées de la main d'un homme qui a dû
être témoin des excès de tout genre commis par les chefs et adhérens des factieux
de 1789 et 1790, avant qu'aucune puissance ait pris une part au moins offensive à

leurs affaires. Quoi, la conduite insolente, la rebellion ouverte, la formation du Tiers-état en *assemblée nationale*, c'est-à-dire souveraine, nonobstant les réclamations et l'opposition constante du Roi et des deux premiers ordres de l'état, (*) la formation et l'influence du fameux club breton, qui dictoit à l'Assemblée nationale et à toute la France les mesures les plus violentes ; la journée du 14 juillet 1789, qui en consommant et sanctionnant la rebellion, arma la capitale et ensuite toutes les provinces contre son roi, la corruption et la défection de toutes les troupes réglées, (**) l'insurrection du peuple de la capitale qui se choisit des chefs avec toute l'apparence des formes légales, et se forma un tribunal criminel, sans la sanction et contre la volonté du chef de l'état. Les massacres judiciaires et dignes des plus féroces cannibales, des infortunés

(*) 17 juin 1789, dès ce moment la révolution étoit faite.

(**) M, de Clermont-tonnerre s'écrioit à cette occasion dans l'Assemblée : Il n'y a point de coupables là où il n'y a point de crime ; les soldats de la liberté ne peuvent être des déserteurs.

4 *

Flesselles, Berthier et Foulon, (*) massacres non-seulement impunis, mais décla-
rés en quelque sorte légitimes dans la
suite; la proscription des princes du sang,
des premiers personnages et des familles

(*) M. de Flesselles prévôt des marchands fut accusé d'a-
voir accaparé les grains. Une lettre vague et peut-être supposée
fut la seule preuve qu'on pût en produire... Le crime suppo-
sé de M. Foulon ex-contrôleur des finances étoit d'avoir dit,
que les Parisiens méritoient de manger du foin; le crime réel
aux yeux des meneurs de la populace étoit d'avoir été, suivant le bruit public, désigné pour succéder à M. Necker...
Celui de M. Berthier intendant de Paris étoit d'avoir accaparé
les grains. On affecta alors par une suite de l'esprit d'irré-
ligion et d'impiété qui a caractérisé les premiers commence-
mens mêmes de cette *innocente* révolution, de faire souffrir
à l'infortuné Foulon une partie des mêmes tourmens qu'en-
dura notre divin Sauveur. On couronna d'épines l'infortuné vieillard, et lorsque accablé de fatigues et de sueurs, il
demanda à boire, on lui donna du vinaigre. Enfin, après cette
horrible parodie de la passion, on lui mit du foin dans la bou-
che, sa tête fut coupée, promenée par tout Paris au bout
d'une pique, et présentée toute sanglante à M. Berthier son
gendre qu'on amenoit ce jour-là dans la capitale, pour lui
faire subir le même supplice; et qu'on força de baiser la tête
de Foulon avant d'être sacrifié à la rage des assassins. Un
soldat peu après lui arracha le coeur et alla le présenter tout
saignant à M.M. de la Fayette et Bailly.

les plus considérables de l'état *) Les ou-
trages qu'essuya, peu de jours après la prise
de la Bastille, le plus bienfaisant des rois
au milieu de la capitale, (**) le refus que
fit l'Assemblée nationale de condamner
tant d'horreurs et de prendre des mesures
pour les prévenir, que dis-je l'approbation
formelle qu'elles reçurent de quelques-
uns des principaux membres (***); la

(*) Le comte d'Artois et plusieurs gentilshommes furent
dès-lors obligés de s'échapper pour épargner de nouveaux
crimes à la nation.

(**) On se rappelle et la cocarde nationale ou signe de
rebellion qu'on le força d'accepter, et les discours insolens
de Bailly et les cris de *ne criez pas vive le Roi*, les menaces
de la populace, le passage du Roi au milieu d'une double
haie de piques et de lances, le coup de fusil qui vint frapper
une femme à une très-petite distance de la voiture où se
trouvoit le Roi. Le prince infortuné avoit pris avant son
départ plusieurs précautions qu'il croyoit nécessaires, et
avoit même donné plusieurs ordres qui prouvent qu'il n'ex-
posoit pas ses jours sans être bien convaincu du danger
qu'il couroit.

(***) Le comte de Lally Tollendal proposa à l'Assemblée
un projet de proclamation pour rendre aux lois leur vigueur;
et prier le Roi d'employer tous les moyens capables d'assurer
l'ordre et la sureté des individus. Mounier, un des membres
les plus respectables et les plus éclairés de la partie saine

déclaration des droits de l'homme et du citoyen qui arma la plupart des paysans contre leurs seigneurs et leur mit des torches en main pour incendier les châteaux, tant d'horreurs annoncoient-elles donc une révolution d'une nature bénigne et *bienfaisante?* étoit-ce donc là *les conséquences lentes* de ce grand événement? que dites-vous de la nuit du 4 août appelée avec tant de raison par le Tiers-état la *nuit des dupes*, qui porta une atteinte mortelle au respect dû aux propriétés par l'anéantissement subit du régime féodal sans aucune restriction, sans aucun remplacement en mille circonstances, par la suppression irréfléchie de la vénalité des charges, par l'abolition des justices seigneuriales dans un moment ou la France étoit toute couverte de bandits et de paysans armés, par celle des dixmes, des priviléges

de l'Assemblée appuya cette motion avec l'éloquence et l'énergie qui lui sont si particulières ; mais ce fut en vain. Mirabeau qui alors dirigeoit tout, Mirabeau l'idole du peuple et l'ame des factieux assura que *le bruit d'une proclamation avoit déjà soulevé les esprits*, et Barnave un de ses plus zélés coopérateurs s'écria: *Après tout, le sang qui coula étoit-il donc si pur?*

des villes et des provinces, par l'abolition du droit exclusif de la chasse qui entraîna ensuite tant de désordres. qu'en plusieurs provinces l'espérance du laboureur et du propriétaire s'évanouit et avec elle le moyen d'éviter la famine (*)?... que direz-vous du renversement de la monarchie et de l'établissement d'une démocratie en France par le décret qui renferma tout entier et exclusivement le pouvoir législatif dans l'Assemblée nationale *permanente,* ne laissant au Roi que le droit inutile de proposer des observations et le soin odieux de promulguer les décrets du corps législatif (**), par l'érection des départemens,

---

(*) Le peuple aveugle et impatient non-seulement mettoit sur-le-champ en exécution les décrets les plus inconsidérés et les plus extravagans, mais il les outroit, il méprisoit d'ailleurs ceux qui ne lui convenoient point.

(**) La plupart des membres les plus attachés à la monarchie, et entr'autres Mounier, rapporteur du Comité de Constitution, proposèrent le *veto absolu* pour le Roi, conformément au vœu de tous les cahiers qui ordonnoient aux députés de ne rien faire sans le concours du monarque. Mais Mounier et ses amis ne retirèrent de leur courage et de leur zèle que la haine et la persécution du parti contraire. Les rugissemens et les menaces des envoyés du

des districts et de plus de 40000 munici-
palités presque toutes souveraines dans
leur ressort respectif?..... que direz-vous
enfin des journées du 5 et 6 octobre dont
le but apparent étoit de demander du
pain au Roi et de le forcer à signer sans
plus de délai sa propre exclusion de la
souveraineté, mais dont le vrai motif étoit
le plan conçu d'égorger le Roi, la famille
royale et ses fidelles gardes?... cette armée
de 20 à 25,000 hommes, la plupart payés
pour exécuter les plus horribles complots
(*) soutenue de plusieurs pièces de ca-
non, commandée par M. de la Fayette,

Palais Royal, alors tribunal souverain de la capitale et des
provinces, qui dictoient des ordres même à l'assemblée nationale, couvrirent leur voix. La Bretagne offrit une armée
pour soutenir le *veto suspensif*, et le veto suspensif fut dé-
crété. Il n'étoit pas jusqu'à M. Necker qui n'envoyât un
rapport en faveur du veto suspensif, mais on refusa d'ouvrir
son mémoire.

(*) Dans une taverne de Sève quatre assassins habillés
en femme s'étant arrêtés pour boire le jour de l'expédition,
l'un d'eux disoit: *Ma foi je ne puis me résoudre à le tuer
Lui; cela n'est pas juste. Mais pour Elle, volontiers.*
Un autre répondit: *Sauve qui peut; il faudra voir quand
nous y serons.* Cet abominable propos fut dénoncé au comité des recherches par un homme digne de foi, et l'on

marchant contre un malheureux prince, qui ne pouvoit compter tout au plus que sur 500 gardes pour le défendre, étoit-elle poussée à Versailles par les puissances étrangères ou par le génie même de la révolution ? Vous rappellerai-je ici les dangers que courut la Reine (*), le massacre des gardes du corps, le retour triomphal de la canaille traînant son roi en captivité, précédé des têtes sanglantes

n'y fit pas la moindre attention. Voyez les dépositions faites au Châtelet sur les journées des 5 et 6 oct.

(*) Comme la canaille crioit hautement qu'elle en vouloit sur-tout à la Reine, cette princesse à qui on conseilla de fuir, déclara *qu'elle préféroit mourir et qu'elle ne s'éloigneroit pas. Je sais*, ajouta-t-elle, *que les Parisiens viennent demander ma tête, mais j'ai appris de ma mère à ne pas craindre la mort.* Peu après le massacre des gardes, elle parut sur le balcon, cédant aux cris du peuple qui la demandoit, tenant ses deux enfans par la main. Les assassins crièrent aussitôt avec l'expression de la rage, *point d'enfans, point d'enfans.* On sent ce que cela présageoit de sinistre. La Reine toutefois congédia aussitôt les enfans et resta seule sur le balcon; alors l'admiration qu'excita son courage et sa fermeté parut changer tout-à-coup les esprits, et l'on entendit le cri de *vive la Reine.* Tant est puissante sur les cœurs les plus féroces l'impression que fait la grandeur d'ame et un généreux mépris de la mort !

de ses fidelles gardes , environné des autres couverts de sang , de sueurs et de blessures , marchant à pied , désarmés et les cheveux épars , à côté de sa voiture , tandis que plusieurs des représentans du peuple proposoieut d'annoncer aux provinces que le *vaisseau de l'etat s'élancoit plus rapidement que jamais !*........ Ah! detournons nos regards de cette affreux spectacle , effaçons-en , s'il est possible , le souvenir. Oublions encore , et puisse la postérité oublier que le chef des bourreaux de Versailles , le monstre qui se promena le 6 octobre au milieu de la cohorte des assassins , le visage , les mains et la poitrine couverts de sang humain , parcouroit tranquillement les rues de Paris long-temps après qu'il eut achevé ses abominables exploits ! (*) ... Pourquoi me suis-je vu obligé , Monsieur , de rappeler à

(*) Loin que l'Assemblée nationale ait cherché à empécher l'arrivée des Parisiens à Versailles , quelques-uns des chefs du parti dominant , complices eux - mêmes de la conspiration , parurent dès le matin du 5 octobre approuver publiquement le motif secret de cette expédition et justifier d'avance le plus horrible assassinat. Mirabeau avoit annoncé son projet de dénoncer la Reine par ces paroles : *Qu'on déclare qu'on ocrpt*

votre mémoire tant d'atrocités? dois-je vous féliciter de les avoir tellement oubliées, que vous puissiez croire aujourd'hui, et déclarer à la face de l'Europe, et en présence d'une nuée de témoins et de victimes des premiers excès de la révolution, que *si les puissances étrangères avoient pu en rester simples spectatrices, elle n'eut été accompagnée ni de crimes ni de masssacres, ni d'excès d'opinion?*

Eh! qu'est-il besoin de tant de précautions, de tant de sagacité pour découvrir les vraies causes de l'anarchie introduite en France en 1789, lorsqu'il est constant que les principaux chefs des rebelles ne prenoient pas même, pour cacher leurs desseins abominables, les plus communes précautions? n'avons-nous pas lu dans mille et un pamphlets qui parurent en 1788 et dans les premiers mois de 1789 l'horoscope de cette révolution en-

le Roi, tout le monde est sujet, et je vais dénoncer aussi. Mounier sut heureusement écarter cet affreux projet, il ne réussit pas si bien à déterminer l'Assemblée à se rendre en corps chez le Roi, au moment que sa vie couroit le plus grand danger. Sur l'avis de Mirabeau, qu'il n'étoit pas de la dignité du corps législatif de se transporter chez le Roi, on se contenta de lui envoyer une députation.

core au berceau. (*) La marche qu'a suivie
constamment l'Assemblée nationale dans
ses travaux depuis le commencement jusqu'à la fin, et l'enchaînement de ses décrets montrent assez clairement qu'elle n'a
point agi par l'impulsion que lui ont donnée
les circonstances, mais conformément
à un plan tracé dès l'origine; et ce plan
étoit connu, avant même qu'elle s'assem-
blât, par tout ce qu'il y avoit de plus

(*) On se rappelle le plan de révolution tracé par Mirabeau et surpris chez son libraire; plan conforme de point
en point à tout ce qui se passa immédiatement après. Les
factieux le combinèrent moins encore sur leurs propres moyens que sur ceux que devoit faire naître la résistance déclarée on secrète du Roi de la Noblesse et du Clergé.....
Quelques voyageurs étrangers, qui se trouvèrent avoir des
liaisons avec les chefs, étoient si bien informés de leurs projets et tellement assurés de leur prochaine exécution, qu'ils
mandoient à leurs amis les détails même les plus circons-
tanciés des *futurs décrets* de l'Assemblée nationale, les
effets qu'ils devoient produire et tout l'enchaînement de ce
système de destruction. J'ai par devers moi la lettre d'un
gentilhomme allemand écrite à une de ses parentes dans
les premiers jours du mois d'août 1789, où se trouve un
aperçu des moyens qu'on devoit employer pour dépouiller
et avilir le Clergé, abolir les droits, les titres de noblesse,
renverser le trône, faire disparoître toute sorte de religion
etc. etc.

éclairé et de plus respectable dans l'état.
« Sire, s'écrioient les princes du sang, dans
» leur mémoire adressé au Roi en avril
» 1789, l'état est en péril... Une révolu-
» tion se prépare dans les principes du
» gouvernement, elle est amenée par la
» fermentation des esprits. Des institu-
» tions réputées sacrées et par lesquelles
» cette monarchie a prospéré pendant tant
» de siècles, sont converties en questions
» problématiques, ou même décriées com-
» me des injustices. *Tout annonce, tout
» prouve un système d'insubordination rai-
» sonné, et le mépris des lois de l'état.*
» Tout auteur s'érige en législateur. L'élo-
» quence ou l'art d'écrire, même dépourvu
» d'études, de connoissances et d'expé-
» rience semblent des titres suffisans pour
» régler la constitution des empires. Qui-
» conque avance une proposition hardie,
» quiconque propose de changer les lois,
» est sûr d'avoir des lecteurs et des secta-
» teurs. Les opinions qui auroient paru
» il y a quelque temps les plus répréhen-
» sibles, paroissent aujourd'hui raisonna-
» bles et justes; et ce dont s'indignent
» aujourdhui les gens de bien *passera*

» *dans quelque temps peut être pour ré-*
» *gulier et légitime.* Qui peut dire où
» s'arrêtera la témérité des opinions ? Les
» droits du trône ont été mis en ques-
» tion... *bientôt les droits de la propriété*
» *seront attaqués,* l'inégalité des fortunes
» sera présentée comme un objet de ré-
» forme (*) etc. etc.

Vous faites un reproche, un crime aux
puissances étrangères de s'être mêlées des
affaires de la France ! eh ! combien de
raisons puissantes, combien l'intérêt de
la paix, du bonheur de leurs sujets,
celui de la sécurité de leurs couronnes,
de leur propre existence, auroient dû

______

(*) Voici comme finissoit le mémoire de ces princes dont
les têtes furent peu après proscrites, » Les princes soussignés
» demandent à donner l'exemple de tous les sacrifices qui
» pourront contribuer au bien de l'état et à cimenter l'union
» des ordres qui le composent. Que le Tiers-état prévoie
» quel pourroit être en dernière analyse le résultat de l'in-
» fraction des droits du Clergé et de la Noblesse, et le fruit
» de la confusion des ordres. *Par une suite des lois gé-*
nérales qui régissent toutes les constitutions politiques,
» *il faudroit que la monarchie françoise dégénérât en des-*
» *potisme ou devînt une démocratie, deux genres de révo-*
» *lution opposés, mais tous deux funestes* etc.

Signé d'Artois, Condé, Bourbon,
Enghien, Conti,

long-temps auparavant les déterminer
à s'en mêler. Leur vrai crime sans doute
est de ne pas s'en être mêlées plutôt lorsque la France se trouva couverte de plus
de deux millions d'hommes armés et dis-
ciplinés, dans un état de rebellion ouverte contre le plus modéré des princes,
affichant les principes d'insubordination
les plus contagieux, et menaçant par la
généralité des motifs de leur révolte,
de favoriser, d'introduire par-tout le même
système de confusion et d'anarchie, tous
les princes de l'Europe n'étoient-ils pas
fondés à opposer sans délai une digue
à ce torrent dévastateur? une opposition vigoureuse et unanime n'étoit-elle
pas devenue alors un devoir, un besoin
indispensable? Le silence qu'ils ont gardé
à la vue de tant d'excès commis en 1789
par une assemblée censée être alors l'organe de la première nation de l'Europe,
d'une nation depuis long-temps le modèle
des peuples voisins par ses manières dou-
ces et polies, et sur-tout par son attachement à ses princes, un tel silence ne doit-
il pas être aujourd'hui pour eux un sujet
de honte et de repentir? devoient-ils

s'attendre et se flatter que le terrible in-
cendie formé de combustibles que les pas-
sions les plus dangereuses, les plus opi-
niàtres, les moins susceptibles de frein
avoient amassés, s'éteindroit de lui même,
et qu'il n'occasionneroit pas un jour une
conflagration universelle? Ah! Monsieur,
que vous auriez bien plus de droit de
vous plaindre de l'aveuglement ou de l'a-
pathie de tous ces princes que de leurs
prétentions à s'immiscer dans nos troubles. Que vous auriez bien plus de raison
de vous plaindre non-seulement de leur
tardive détermination à résister à la contagion lorsqu'elle avoit déja fait des progrès
effrayans, causé des maux irrémédiables,
mais encore de cette lenteur, de ce man-
que d'énergie et de concert qui ont caractérisé leurs premières démarches dans
une affaire de cette importance! . . . encore aujourdhui, que les députés de cette
grande république au congrès assemblé
pour traiter de la paix, y annoncent des
prétentions extravagantes, ajoutent demandes sur demandes, dictent eux-mêmes
les conditions les plus humiliantes, et af-
fectent un sincère désir de la paix au moment

ment que leurs troupes portent le fer et le feu presque sous les yeux des ministres chargés de la procurer et contre la foi des traités, que font les princes de l'Europe? Maintenant que les envoyés d'une république dont tous les agens ont juré haine éternelle à la Royauté, paroissent chercher et saisissent avec empressement dans les cours étrangères toutes les occasions d'avilir, d'humilier la majesté royale, que font les princes de l'Europe? Quoi donc, le prodigieux succès de leurs armes a-t-il rendu leur cause moins odieuse ... leur influence moins dangereuse; a-t-il ralenti leur ardeur à bouleverser les états voisins? — Parce qu'ils sont braves et heureux, en sont-ils plus respectables; ou plutôt leur bravoure et leurs succès ne sont-ils pas en grande partie le résultat de la désunion de leurs ennemis? Un seul état paroît avoir pressenti les suites funestes de cette révolution: celui-là même à qui nous reprochions autrefois un penchant trop inquiet, trop ombrageux pour l'indépendance, plus en état de juger qu'aucune autre nation des vrais caractères de cette liberté dont le nom seul étoit connu et profané en France, il a attaché le sceau de la réprobation aux premiers efforts, aux premières mesures destructives des Anarchistes. Son dégoût pour leurs principes, son empressement à opposer dans la suite une barrière à leurs emportemens, ont crû à proportion que croissoit le danger. Représentations, sollicitations, prières, secours, trésors prodigués, rien n'a été négligé de sa part pour faire sentir à ses co-états le péril dont ils étoient menacés, leur inspirer la même énergie qui l'animoit et leur fournir une partie des moyens de résistance. Quel a été le prix d'une si ardente, si constante sollicitude, d'une telle générosité? .... je n'accuse point les princes ni leurs conseils d'ingratitude; mais j'en accuse tous ceux, et le nombre en est bien grand en Europe, qui ne rougissent pas d'attribuer à ce qu'ils appellent l'or corrupteur de la Grande-Bretagne une partie de nos calamités. (*) Je

(*) J'ai parcouru dernièrement une partie d'Allemagne et j'y ai observé avec peine combien l'opinion publique est en général prononcée contre la conduite de l'Angleterre dans la guerre présente. On l'accuse, sans pouvoir articuler aucune preuve directe, d'avoir dès l'origine fomenté les troubles naissans

vous en accuse vous-même, Monsieur, lorsque vous lui faites ainsi qu'aux autres un reproche de n'être pas restée simple spectatrice de la révolution de France, lorsque vous dites que sans son entremi-

par je ne sais quel principe de jalousie, de vengeance ou d'intérêt de commerce, et de vouloir, pour la même raison, continuer la guerre et perpétuer en France le règne de l'anarchie. Rien n'est plus faux, rien n'est plus absurde. J'ai déjà prouvé, ce me semble assez clairement et d'autres l'ont prouvé encore mieux que moi, que l'impulsion donnée à la France avant l'ouverture des Etats-Généraux a dû amener et a amené en effet sans le concours d'aucune puissance étrangère et par une suite naturelle etpresque inévitable de la disposition des esprits, la révolution qui eut lieu quelques mois après. Pour peu qu'on soit de bonne foi, on conviendra que la tendance des principes avancés, soutenus et mis en exécution par des rebelles de 1789 étoit telle que le cabinet de St. James ne pouvoit les encourager sans préparer de longue main et *sciemment* sa propre ruine. Il faut ou l'absoudre de cette ridicule accusation ou la supposer à cette époque dans une ignorance totale de ce qui se passoit en France, dans le plus grand aveuglement ou dans la plus grossière stupidité. Au reste il ne me seroit pas très-difficile de prouver que l'Angleterre, depuis qu'elle s'est vue forcée de déclarer la guerre pour raison de sureté, aux meurtriers de Louis XVI, a peut-être trop fait, sous un certain rapport, pour le rétablissement de l'ancien régime, seul remède, suivant de très-respectables publicistes , aux maux qu'endure la France depuis tant d'années.

se, le grand événement n'eût point été suivi de crimes. Ah! plutôt rendre grâce à sa vigilance et à son activité de ce que vous trouvez encore en Europe un asile et une protection contre la haine et contre la vengeance de vos compatriotes.

Vous reprochez aux puissances étrangères de n'être pas restées simples spectatrices de ce grand événement! Mais qui les a forcées le premier à y prendre une part offensive, lorsque le sentiment de leur danger n'étoit pas encore assez pressant pour les y déterminer? Vous, Monsieur, [oui, vous - même leur avez le premier fait déclarer la guerre. Croyez vous qu'on ait déjà oublié que, ministre de Louis XVI contre son gré par l'influence irrésistible et sous la protection de la faction alors dominante, vous forçates ce prince infortuné à déclarer la guerre à Léopold? . . . et sur quels fondemens vous, et le parti dont vous étiez l'organe (*) la crutes vous indispensable,

____

(*) Celui de la députation de la Gironde dirigée par Brissot et Condorcet. Les Ministres qui forcèrent le Roi d'accepter furent Servan pour la Guerre, Dumourier pour les

cette déclaration de guerre? . étoit-ce en conséquence de la convention de Pilnitz, convention purement éventuelle et qui avoit pour objet le maintien de la liberté de Louis XVI et de l'indépendance des autres couronnes? . . . étoit-ce à cause de l'armement des Emigrés près des frontières ? . — Non . . . . personne n'ignore que ce n'étoient là que des prétextes. Le vrai motif qui vous y porta, fut non-seulement l'expédient d'envoyer sur les frontières ce qui restoit des troupes de ligne soupçonnées de quelque attachement au Roi, et dont on auroit eu à craindre la résistance dans les journées des 20 juin, 10 août, 2 et 3 septembre etc. alors concertées et préparées de loin par les rebelles, mais sur-tout le besoin de justifier de façon ou d'autre les calomnies publiées contre la Reine, de paroître se venger de

Affaires étrangères, Roland pour l'Intérieur, Clavière pour les Contributions, la Coste pour la Marine, Duranton pour la Justice. De l'installation de ce ministère datent la déclaration de la guerre, la dilapidation des finances, la persécution des prêtres, l'insurrection des mulâtres dans les colonies etc. . . . . . On se rappelle qu'en 10 mois on vit paroître successivement vingt-six ministres.

cette Princesse accusée de conspiration contre l'état en déclarant la guerre à celui qu'on soupçonnoit être l'instrument de ses prétendues intrigues. Personne n'ignore que le Roi ne se rendit à vos sollicitations que dans la crainte de voir accuser publiquement son illustre et infortunée compagne, et qu'on ne le força de déclarer la guerre à l'Europe que pour fournir au parti de la Gironde une plus belle occasion encore de la déclarer à ce malheureux Prince, en renouvelant ses accusations et dénonciations. Le projet du *Comité Autrichien* dont la Reine étoit supposée être l'ame et la directrice étoit tout préparé et il produisit les effets qu'on s'en promettoit. C'est ainsi, que la faction de Brissot préparoit les mines dont l'explosion devoit renverser le trône. (*) Un

---

(*) Voyez l'adresse de Brissot à ses Commettans lorsqu'il étoit déjà sous la griffe de son antagoniste. Il y avoue et prétend justifier toutes ces fourberies par le besoin d'assurer l'empire de la liberté. *Nous lui avons fait déclarer la guerre,* dit-il en parlant du Roi, *pour le mettre à l'épreuve.* . . Telle a été constamment la marche des différentes sectes d'anarchistes. Pour justifier les journées de 5 et 6 octobre 1789 on publia, que le plan avoit été formé d'enlever le Mo-

ministre sourd à ses sollicitations comme

barque et de le conduire à Metz. Mais durant plus d'un an, les deux comités de recherches, le Châtelet, les espions et délateurs et tous les journalistes ne purent en fournir la moindre preuve. . Pour provoquer et excuser ensuite le massacre des gardes-du-corps, on publia que dans un repas donné au régiment de Flandres ils avoient foulé aux pieds la cocarde nationale , . . il s'y trouvoit plus de 3000 spectateurs et pas un n'a osé soutenir cette calomnie. Les gardes n'avoient jamais quitté la cocarde blanche qui a toujours été la couleur de la nation. Le comte d'Estaing commandant de la milice nationale de Versailles ainsi que tous les officiers de son corps, présens à ce festin, auroient-ils souffert sans se plaindre un outrage aussi sanglant? L'on sait, que le répas établit plus d'harmonie, plus d'union qu'auparavant entre les deux corps. . . . On se rappelle la fable de Vezoul, inventée pour excuser les incendies et les ravages commis par les paysans. On assura que Mr. Mesmay conseiller au Parlement de Vezoul, avoit assemblé dans son château une grande partie de ses vassaux sous le prétexte d'une fête et qu'il avoit fait mettre le feu à une mine disposée pour les faire sauter. Cette fable fut crue au point qu'on obligea le Roi d'écrire à toutes les têtes couronnées pour qu'elles lui livrassent le conseiller . . . . Bien des calomnies de ce genre sont crues encore aujourd'hui chez l'étranger. C'est sur de telles preuves qu'on reproche aux Emigrés d'avoir fourni eux-mêmes matière à la plupart des désordres; qu'on se méprend avec opiniâtreté sur les vraies causes de cette révolution, et qu'on se tranquilise sur ses conséquences, en disant: *nous n'avons pas une cour comme celle qu'avoit la France avant la révolution, nous n'avons pas une noblesse, un clergé, une magistrature etc, comme il y en avoit en France.*

insensible à ses menaces, votre prédécesseur, pour avoir refusé de faire déclarer la guerre à Léopold, avoit été dénoncé, jeté dans un cachot et massacré ensuite. Moins loyal et plus condescendant, ne craignez-vous pas qu'on ne vous accuse ou de trahison et de révolte pour avoir ainsi contribué à l'avilissement et à la ruine de l'autorité royale, ou de lâcheté pour n'avoir pas, comme le courageux et fidelle de Lessart, refusé de vous prêter aux vues de la faction?

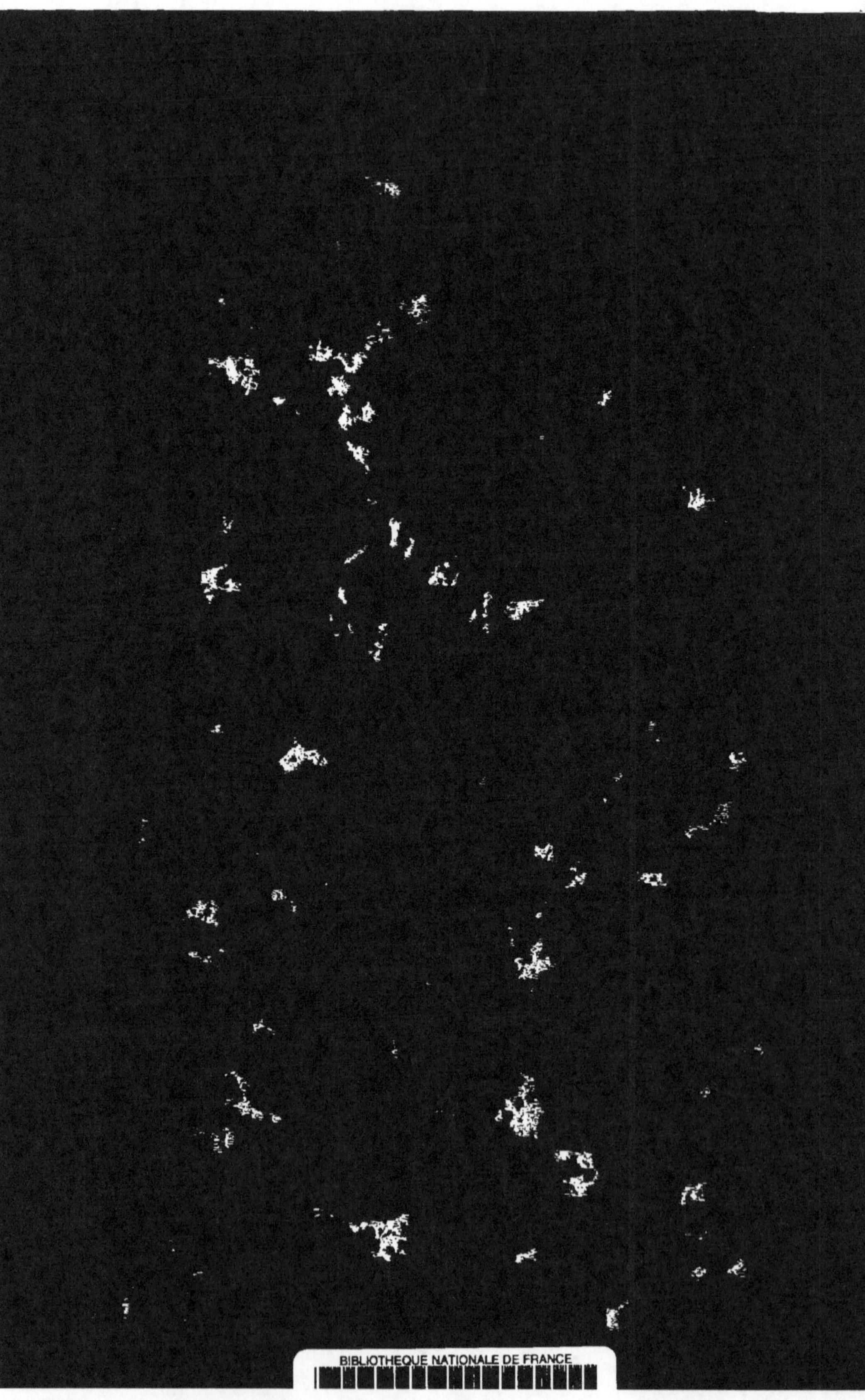

www.ingramcontent.com/pod-product-compliance
Lightning Source LLC
Chambersburg PA
CBHW051232030726
47595CB00003B/862